Sobre o Autor

Olá, meu nome é Christopher Miranda, tudo bem com você? Espero que sim! Acredite, vamos superar este momento histórico juntos e ainda sairemos mais fortes dessa!

"Nesta obra eu te ofereço algo inestimável, que vai além da liberdade, pois até mesmo a liberdade pode ser tirada de você. Eu te ofereço o conhecimento"

O mercado financeiro sempre me chamou muita atenção, mas assim como para a maioria das pessoas, este mesmo mercado também me trazia muitas dúvidas e incertezas, até o dia em que decidi entender melhor como ele funcionava e como ele poderia ser útil pra mim e para minha família. "Esta foi uma das melhores decisões que eu tomei em toda a minha vida! E lá se vão 5 anos desde então".

No início eu procurei grandes ganhos em um espaço de tempo muito curto, o que me fez correr riscos desnecessários e perder bons momentos em família e amigos, dada a minha ansiedade e inexperiência no mercado financeiro.

Segui em frente, estudei, pratiquei, passei por muitas provações familiares, profissionais e de pessoas próximas, até que um dia decidi entender mais sobre *bitcoin*. Entenda e não me leve a mal, a partir daquele dia eu descobri que o mais importante sobre o *bitcoin* é a tecnologia que o criou e que o faz existir, a *blockchain*.

Continuei estudando, cheguei a fazer uma pós-graduação em mercado financeiro e até a me certificar e me profissionalizar no mercado financeiro e desde então, tive a oportunidade de conhecer vários países e várias pessoas.

Hoje faço o que amo e ajudo pessoas a transformarem suas vidas através do conhecimento e do mercado financeiro, esse é o meu propósito!

Portanto, vamos falar sobre o que você precisa saber!

@christophermirandaoficial

Disclaimer

(Aviso Legal)

Este material é uma adaptação do artigo científico desenvolvido pelo autor para a conclusão do curso de Pós-graduação Lato Sensu em Mercado Financeiro e Banking e tem caráter meramente informativo.

Esta obra não constitui e nem deve ser interpretada como solicitação de compra ou venda, oferta ou recomendação de qualquer ativo financeiro, investimento, sugestão de alocação ou adoção de estratégias por parte dos destinatários.

Os prazos, taxas e condições aqui contidas são meramente indicativas.

As informações contidas neste material foram consideradas razoáveis na data em que ele foi divulgado e foram obtidas de fontes públicas consideradas confiáveis.

O autor não dá nenhuma segurança ou garantia, seja de forma expressa ou implícita, sobre a integridade, confiabilidade ou exatidão dessas informações.

Os ativos, operações, fundos e/ou instrumentos financeiros discutidos neste material podem não ser adequados para todos os investidores.

Este material não leva em consideração os objetivos de investimento, situação financeira ou necessidades específicas de qualquer investidor. Os investidores devem obter orientação financeira independente, com base em suas características pessoais, antes de tomar uma decisão de investimento.

O autor não se responsabiliza por decisões de investimentos que venham a ser tomadas com base nas informações divulgadas e se exime de qualquer responsabilidade por quaisquer prejuízos, diretos ou indiretos, que venham a decorrer da utilização deste material ou seu conteúdo.

Esta publicação é protegida por direitos autorais, nenhuma parte deste conteúdo pode ser reproduzida ou transmitida de qualquer forma ou por qualquer meio, incluindo gravação, fotocópia ou digitalização sem a permissão prévia por escrito do autor.

CRIPTOECONOMIA: A TECNOLOGIA BLOCKCHAIN COMO MOTOR DE PROPULSÃO ECONÔMICA ATRAVÉS DAS CRYPTOTECHS

CHRISTOPHER ANDERSEN MIRANDA DE OLIVEIRA[1]

RESUMO

Depreende que a crise de confiança no sistema econômico internacional, iniciada em 2008, não trouxe apenas a escassez de produtos e serviços, mas também uma inovação disruptiva de natureza tecnológico-econômica, a *blockchain*. Enfatiza que, conhecer as profundas transformações oriundas desta tecnologia é fundamental para todos os participantes da sociedade e em especial aos profissionais, estudantes, empresários e investidores, pois a tecnologia *blockchain* é um recurso que já permeia e inova as interações econômicas e sociais em todos os continentes amplamente habitados. Ressalta que, o franco desenvolvimento desta tecnologia expande os mercados tradicionais e eclode novas economias; que captar recursos através dos processos tradicionais somado às ofertas iniciais de

---

[1] Pós-graduado em Mercado Financeiro e Banking; Empreendedor; Profissional do Mercado Financeiro; Investidor Profissional e Autor.

criptomoedas, alavanca o mercado de *startups*, sob a forma de *cryptotechs*, e cria condições para o surgimento de inovações; e por consectário lógico, gera novo fator de crescimento econômico, tendo em vista que a criptoeconomia constrói novos padrões na ordem econômica, política, social, jurídica e tecnológica.

Palavras-chave: crise de confiança, inovação disruptiva, criptomoedas.

1 INTRODUÇÃO

Corolário às crises, há uma tendência do surgimento de novas soluções tecnológicas, e com estas, novos mercados e economias, de maneira cíclica; e que neste momento histórico, a tecnologia *blockchain* se mostra como um importante trunfo para a retomada do crescimento econômico internacional, tendo em vista o seu contundente desenvolvimento nos últimos anos e suas potencialidades.

O presente estudo tem o objetivo de explorar, de maneira clara e objetiva, a evolução econômica e tecnológica, no contexto das interações humanas, assim como, relacionar crises de capital ao fenômeno da desconfiança generalizada no Sistema Econômico Internacional e suas consequências.

Para alcançar tais objetivos, este artigo é baseado em uma revisão da literatura que é caracterizada, de forma inicial, pela coleta de referenciais teóricos para construção da literatura base, seguida da discussão das ideias apresentadas, relacionando-as com o objetivo de pesquisa.

Neste sentido, o presente artigo está estruturado em seis tópicos, sendo o primeiro esta introdução. No segundo tópico será abordada a crise de confiança no Sistema Econômico Internacional; no terceiro tópico será categorizada a criptoeconomia; no quarto tópico será examinado o mercado de criptomoedas; no quinto tópico será tratado sobre inovações disruptivas, *startups* e os processos de captação de recursos de *cryptotechs*; em seguida serão apresentadas as considerações finais no sexto tópico; e ao término serão relacionadas as fundamentações teóricas da pesquisa.

2 A CRISE DE CONFIANÇA NO SISTEMA ECONÔMICO INTERNACIONAL

Em setembro de 2008, o *Dow Jones Industrial Average*, o principal índice da indústria dos Estados Unidos da América, já demonstrava, a partir de análise gráfica da Figura 1, a imersão da economia norte-americana em uma profunda crise, e que dada a significância desta economia para o mundo, sistemicamente, comprometeria a economia internacional.

Embora a "Crise de 2008" tenha origens na "Depressão de 1929", o seu estopim se deu com à "Crise do *Subprime*" em 2006, que foi causada pelas concessões de empréstimos hipotecários de alto risco, por décadas, ao povo norte-americano através de instituições de crédito centenárias, e que devido à baixa qualidade do crédito, ocasionou uma inadimplência generalizada, levando bancos à insolvência, o que, por consectário lógico, fez com que não apenas o mercado imobiliário e financeiro norte-americanos, mas muitas outras economias mundiais, entrassem em recessão.

Figura 1 – Índice *Dow Jones Industrial Average* (1915-2008)

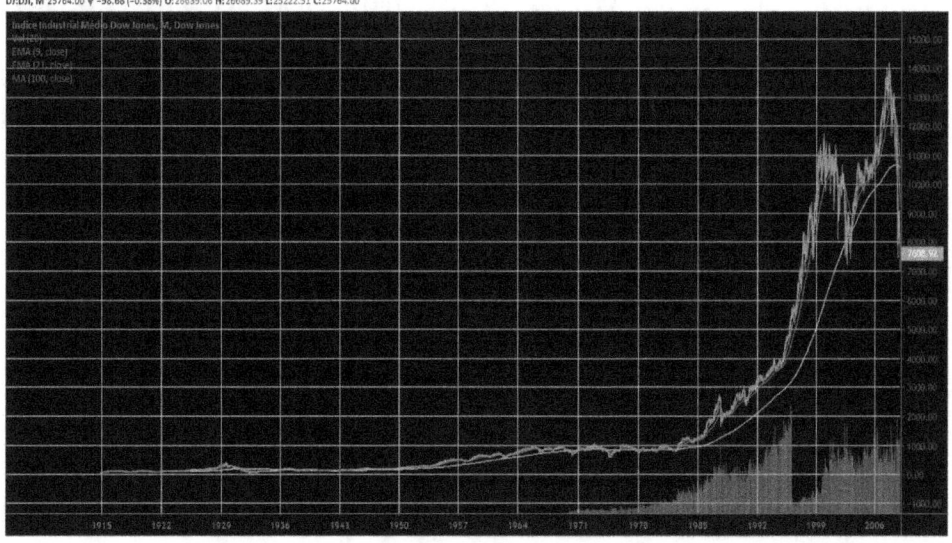

No intuito de conter esta depressão e adaptar o sistema econômico como em outras oportunidades no passado, nações e organismos internacionais adotaram inúmeras medidas. Tais medidas, no entanto, não surtiram todos os efeitos almejados, fazendo com que a crise perdurasse até os dias atuais.

Criando um paralelo entre a "Crise de 2008" e as demais crises econômicas no decorrer da história, percebe-se que todas foram agravadas pela falta de confiança nos governos e instituições, que se converteram em escassez de produtos e serviços. E que essa desconfiança generalizada chega ao sistema de gerenciamento econômico, fazendo com que este seja posto em xeque, ciclicamente, durante as crises, pelo fato de não conseguir acompanhar, em tempo hábil, às evoluções tecnológicas e por não conseguir responder rapidamente às demandas do mercado.

Neste sentido, a evolução tecnológica das últimas décadas e a crescente interação humana com estas tecnologias, a globalização, fazem com que o atual sistema de gerenciamento econômico internacional precise se adaptar o mais breve possível, pois, caso contrário, sucessões de crises cada vez mais profundas surgirão como respostas a essas necessidades, o que indica para a possibilidade de que a internet do valor, no atual contexto global, seja a evolução natural da economia.

CRIPTOECONOMIA: O ADVENTO DA TECNOLOGIA BLOCKCHAIN

Embora a internet já existisse desde a década de 1960, foi a *World Wide Web*, criada em 1989, com a publicação do estudo "*Information Management: A Proposal*", que iniciou o processo de globalização da informação, tendo tal façanha completado 30 anos.

Desde então o mundo passou por profundas transformações, o número de pessoas que passaram a interagir a partir de seus computadores pessoais e, mais adiante, através de smartphones, em especial nas redes sociais, ebuliu nos últimos 15 anos. É nesse contexto de grande interação tecnológica e de crise, da segunda metade dos anos 2000, que a internet passou a ter valor em si, com o advento da tecnologia *blockchain*, conforme veremos adiante.

3.1 BITCOIN: O SURGIMENTO DA CRIPTOECONOMIA

Disruptivamente, no dia 03 de janeiro de 2009, ocorre a primeira transação na *blockchain* do *bitcoin*, a "*Genesis of Bitcoin*", que deu início, ao que conhecemos como "Criptoeconomia", permitindo desde então que pessoas passassem a trocar criptomoedas (moedas digitais encriptadas) por produtos, serviços ou até mesmo por moedas fiduciárias, a partir de um software denominado *blockchain*.

Mas o que vêm a ser a tecnologia *blockchain* do *bitcoin*? Ela é basicamente um software de código aberto (público), um sistema de contabilidade encriptado, onde é possível minerar ou transacionar valores financeiros (*bitcoins* ou frações de *bitcoins*), pessoa para pessoa (P2P), sem a necessidade de terceiros (casa da moeda ou bancos), por meio de registros, imutáveis, de transações em um livro-razão distribuído e digital.

Satoshi Nakamoto, o pseudônimo, criador da tecnologia *blockchain* do bitcoin, em seu *White Paper*, propõe um sistema para transações eletrônicas sem depender da confiança em intermediários (descentralização), através de uma rede (pública) ponto-a-ponto, usando a prova de trabalho computacional para os registros das transações e recompensas em *bitcoin* por esta prova de trabalho (mineração de *bitcoin*), limitadas em 21.000.000 (vinte e um milhões) de unidades de *bitcoin* (escassez).

Para uma melhor compreensão sobre a tecnologia *blockchain* do *bitcoin*, façamos uma analogia dela ao ouro físico, sendo o *bitcoin* diferente em sua forma, que é digital, em seu processo de mineração, que se dá por força computacional, e na ausência de intermediários estatais, graças ao sistema de validação matemática.

3.2 ETHEREUM: A SEGUNDA GERAÇÃO DA CRIPTOECONOMIA

Ao final de 2013, foi escrito o *White Paper* da plataforma *Ethereum*, que consistia em uma plataforma de código aberto (pública), descentralizada, adaptável e flexível, criada para a implementação de contratos inteligentes (aplicações que funcionam exatamente como programadas), desde games descentralizados até bolsas de valores.

Em meados de 2014, foi aberta uma captação de recursos online, *crowdfunding*, para financiar o Projeto *Ethereum*, em formato assemelhado ao que hoje conhecemos como ICO (*Initial Coin Offering*), onde *tokens* são criados e vendidos para financiamentos de projetos, como veremos mais adiante.

Dando continuidade ao projeto, a plataforma *Ethereum* foi lançada aos 30 dias do mês de julho de 2015, dando início de fato à "Segunda Geração da Tecnologia *Blockchain*" ou "Segunda Geração Criptoeconômica", uma vez que o mercado de criptomoedas cresceu, significativamente, desde então, através de inúmeros projetos que utilizaram a *blockchain* do *Ethereum* para captar recursos e realizar lançamentos, tendo em vista que os custos das ICOs (Ofertas Iniciais de Criptomoedas) são muito inferiores aos das IPOs (Ofertas Públicas Iniciais) no mercado de capitais, o que viabiliza e fomenta a ascensão do mercado de *startups*.

3.3 TOKENS DE UTILIDADE: A TERCEIRA GERAÇÃO DA CRIPTOECONOMIA

Inúmeros projetos utilizaram a *blockchain* do Ethereum e outras *blockchains* lançadoras para a captação de recursos através de ICOs desde 2015, mas dentro de um contexto de interação humana através da tecnologia *blockchain* aliada a outras tecnologias disruptivas, as criptomoedas sob o padrão de *tokens* de utilidade, merecem grande atenção, pois a utilização simplificada da tecnologia *blockchain* parece ser o caminho mais promissor para a adoção generalizada de criptomoedas.

Neste momento, a tecnologia *blockchain* avança a passos largos, no sentido de cada vez mais ser utilizada por pessoas comuns através de mídias e redes sociais, e com o propósito de criar uma "Criptoeconomia Interativa", onde marcas recompensam seus clientes conforme a interação digital do cliente com estas marcas, criando um cenário retributivo, onde *tokens* de utilidade (criptomoedas), podem ser trocados por produtos, serviços, moeda fiduciária, ou até mesmo por outras criptomoedas em *exchanges* (plataformas de negociações de criptomoedas).

4 O MERCADO DE CRIPTOMOEDAS: COMPOSIÇÃO, LIQUIDEZ, SEGURANÇA, EVOLUÇÃO, VOLUME, RENTABILIDADE E PROJEÇÕES

Da primeira transação de *bitcoin* até os dias atuais, o mercado de criptomoedas passou por inúmeras transformações. Com a chegada das primeiras *exchanges*, casas de câmbio de criptomoedas, o volume de negociações aumentou fortemente, o que contribuiu para que o valor da unidade de bitcoin disparasse de US$ 0,0025, valor da cotação de *bitcoin* para a compra de pizzas em 22 de maio de 2010 - *Bitcoin Pizza Day*, para US$ 1.175,00 (em 02 de dezembro de 2013), poucos meses antes do anúncio do *cracking* (subtração de 850 mil *bitcoins*) na maior *exchange* à época, que naquele momento era responsável por 70% das negociações de *bitcoins* de todo do mundo.

Após esse *cracking*, o mercado de criptomoedas passou por um período turbulento e de questionamentos sobre os riscos e a segurança no emprego da tecnologia *blockchain*, todavia, a capilaridade do *bitcoin* e da tecnologia *blockchain* continuou crescendo vertiginosamente, uma vez que muitas pessoas e setores de várias economias passaram a entender sobre as enormes possibilidades desta tecnologia; tendo sido criadas, desde então, várias empresas e plataformas, que fizeram com que o mercado ganhasse muito volume e atenção mundial nos últimos anos.

4.1 COMPOSIÇÃO, LIQUIDEZ E SEGURANÇA DO MERCADO DE CRIPTOMOEDAS

Na atualidade, o mercado de criptomoedas é composto por *exchanges* (plataformas de negociações de criptomoedas), onde compradores e vendedores (pessoas físicas ou jurídicas), negociam por meio de um livro digital de ofertas, o valor a ser pago por cada unidade de criptomoeda, compondo às cotações das criptomoedas.

As *exchanges* propiciam maior liquidez ao mercado de criptomoedas, pois possibilitam negociações internas e envios de criptomoedas, em poucos minutos, para outras *exchanges*, ou *wallets* (carteiras de criptomoedas) de aproximadamente 35 milhões de usuários ao redor do mundo.

Em 22 de maio de 2019, existiam 2194 criptomoedas sendo negociadas em 18589 *exchanges*, em todos os continentes amplamente habitados do planeta, e por óbvio, cada criptomoeda e cada *exchange* representa uma empresa (pequena, média ou grande), sendo que cada criptomoeda está inserida em um setor tradicional ou até mesmo em novos mercados, dadas as potencialidades da tecnologia *blockchain*.

Quanto ao fator segurança, ele é inerente a própria tecnologia *blockchain*, dada a forte encriptação de dados. Não obstante, existem soluções e hábitos que influenciam, positivamente ou negativamente, os níveis de segurança quando das utilizações ou negociações de criptomoedas, a exemplo os fatores de segurança, como autenticadores, biometria, reconhecimento facial e chaves de segurança; mas o fator primordial de segurança em qualquer tecnologia está associado aos hábitos do próprio usuário, especialmente, no que se refere à utilização de suas informações nos vários ambientes virtuais.

4.2 EVOLUÇÃO, VOLUME, RENTABILIDADE E PROJEÇÕES DO MERCADO DE CRIPTOMOEDAS

No decorrer da história, muitas corporações e muitos investidores criaram enormes fortunas a partir de vários mercados que um dia se encontravam em fase de formação, mas que hoje são considerados tradicionais, como o caso do Mercado de Capitais, que em seu início era visto como uma aberração financeira. Desta forma, o mercado de criptomoedas também está quebrando paradigmas, pois graças a globalização da informação, a tecnologia *blockchain* também está globalizando economias, alinhada aos níveis de transformações que vivemos.

Como pode-se constatar na Figura 2 (*Bitcoin*/Dólar), o *bitcoin* (representando o mercado de criptomoedas, dada a sua precursão e predominância) evoluiu bastante e de maneira diretamente proporcional ao seu nível de inovação; e isso fez com que muitos investidores e várias corporações obtivessem rentabilidades nunca vistas na história, seja por motivações de riscos técnicos, empíricos ou entusiásticos, no que tange aos investidores, seja pela criação de novos mercados por parte das corporações que desenvolveram seus negócios utilizando a tecnologia *blockchain*.

Figura 2 – Bitcoin/Dólar (2013-2019)

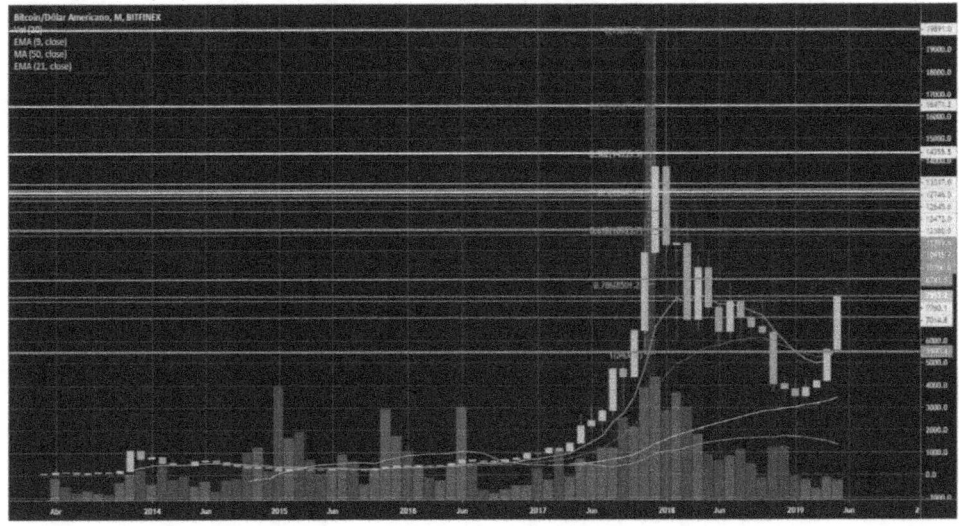

Em 22 de maio de 2019, as 00 horas e 04 minutos, o mercado global de criptomoedas, possuía volume total na ordem de US$ 249.722.365.917,00 e a unidade de *bitcoin* negociada a US$ 7.953,20. Valendo frisar que, o topo histórico do volume do mercado de criptomoedas, ocorreu em 17 de dezembro de 2017, com a marca de US$ 736.657.096.536,00, e o topo histórico da unidade de *bitcoin*, naquela data, em US$19.891,00, o que significava uma alta de 7.956.000%, quase oito milhões percentuais, se comparada ao valor da unidade de *bitcoin* (US$ 0,0025) utilizada para a compra de pizzas, no *Bitcoin Pizza Day*.

Dentro de um contexto econômico e tecnológico, nunca se viu na história um crescimento percentual tão contundente como o do mercado de criptomoedas, que já se encontra no início da sua terceira geração, "A Geração da Utilidade", através dos "*Utility Tokens*", onde novas empresas e comportamentos já estão sendo criados, o que resultará em abundância de recursos nas próximas décadas.

5 INOVAÇÕES DISRUPTIVAS, STARTUPS, CRYPTOTECHS, VENTURE CAPITAL E AS OFERTAS INICIAIS DE CRIPTOMOEDAS - ICOs

Em 1997, foi criado o conceito de "Inovação Disruptiva", que de maneira bem sintética, diz respeito a transformação de uma tecnologia, produto, ou serviço em algo novo, mais simples, conveniente e acessível, e que torna o seu antecessor obsoleto. Neste mesmo sentido, a "Quarta Revolução Industrial", conceitualmente, tem se referido às profundas alterações nas formas como nos relacionamos e consumimos, como verdadeiras quebras de paradigmas, sob a forma digital.

É nesse contexto de criatividade e inovação, que iremos abordar as *startups* e demonstrar como é possível captar recursos através do mercado tradicional cumulativamente com mercado de criptomoedas, com o propósito de transformar em realidade grandes ideias e projetos sob a forma de *cryptotechs*.

5.1 INOVAÇÕES DISRUPTIVAS, STARTUPS E A DECLARAÇÃO DOS DIREITOS DE LIBERDADE ECONÔMICA

Provavelmente, muitos já ouviram falar do Vale do Silício e das gigantes corporações que ali nasceram. Elas possuem uma característica peculiar, surgiram sob a forma de *startup*, que em outras palavras significa que embora tivessem que passar por uma fase de incubação e depois de aceleração, graças ao modelo de negócios escalável, repetitivo ou disruptivo, conseguiram se desenvolver. Sabe-se também que além do Vale do Silício, existem outros ecossistemas de *startups* pelo mundo e que eles estão em franco desenvolvimento.

Neste contexto, fica mais fácil compreender que além do desenvolvimento tecnológico, os ecossistemas de *startups* geram forte crescimento econômico, e é nesta conjectura que a "Declaração de Direitos de Liberdade Econômica", instituída no dia 30 de abril de 2019, por meio da Medida Provisória Nº 881, é bem recepcionada pela economia brasileira, pois com esta medida, a criação e o desenvolvimento de novos ecossistemas de *startups* em território brasileiro será mais factível.

5.2 CRYPTOTECHS, VENTURE CAPITAL E AS OFERTAS INICIAIS DE CRIPTOMOEDAS - ICOs

O Venture Capital (capital de risco) é uma das opções para a captação de recursos para o desenvolvimento de *startups*. Nesse tipo de investimento, os investidores expõem um percentual de seu patrimônio ao risco do empreendimento empresarial, em fase emergente, e em troca detêm uma parte da empresa e seus possíveis lucros futuros.

No mesmo sentido, o advento da tecnologia *blockchain* possibilita a captação de recursos para o desenvolvimento de *startups*, através de ICOs (ofertas iniciais de criptomoedas), onde projeto e *roadmap* são lançados ao público, por meio de um White Paper (memorial descritivo das informações técnicas); dando início à fase de captação de recursos em criptomoedas e moeda fiduciária; que é sucedida pela fase de emissão e distribuição de *tokens* (fichas que possuem o ativo em questão associado), nos exatos termos e condições previamente acordados no ambiente virtual.

Analisando as projeções do mercado de criptomoedas, podemos conjugar *Venture Capital* e *Initial Coin Offering*, no intuito de acelerar *startups* e desenvolvê-las nos mercados sob a forma de *cryptotechs* (*startups* de tecnologia *blockchain*), uma vez que tanto a captação primária de recursos por meio de capital de risco de investidores quanto a captação secundária por meio de ofertas iniciais de criptomoedas, podem ser cumuladas, não havendo impeditivos ou solenidades no mercado financeiro em relação aos *tokens* de utilidade, pois no âmbito do direito privado, o que não é proibido é permitido, conforme.

5.3 ASPECTOS JURÍDICOS RELACIONADOS ÀS OFERTAS INICIAIS DE CRIPTOMOEDAS

Em vários países, tanto as criptomoedas quanto os processos de ofertas inicias de criptomoedas já foram regulamentados, ou possuem projetos normativos em andamento, de forma mais ou menos intervencionista, conforme observa-se na Figura 3. No cenário brasileiro, a

Comissão de Valores Mobiliários e a Receita Federal, tem tratado sobre criptomoedas nos termos dos seguintes atos normativos: Ofício-circular nº 1/2018/CVM/SIN de 12 de janeiro de 2018; Ofício-circular CVM/SRE nº 01/2018 de 27 de fevereiro de 2018; Ofício-circular CVM/SRE nº 02/2019 de 27 de fevereiro de 2019; RFB/Instrução Normativa nº 1888 de maio de 2019.

Figura 3 - Regulações de criptomoedas por país

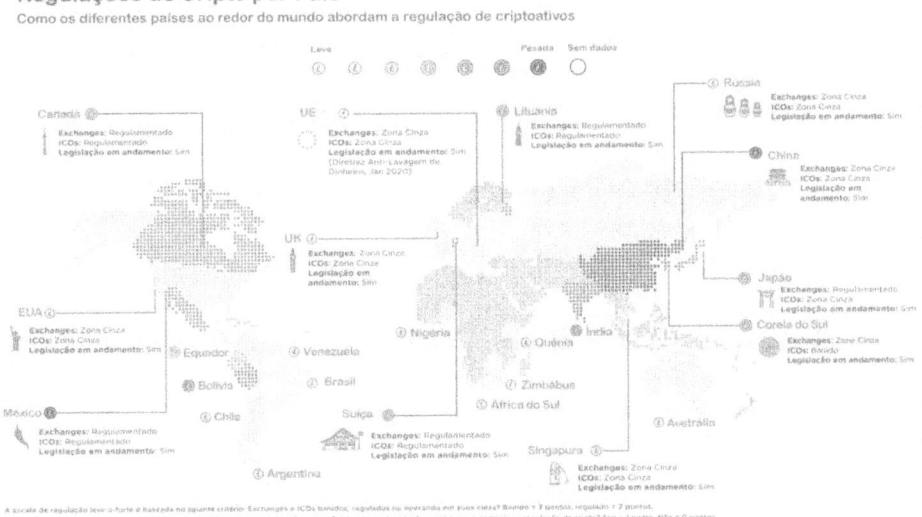

Em andamento, tem-se ainda, o Projeto de Lei 2060/2019 que dispõe sobre o Regime Jurídico de Criptoativos, englobando criptomoedas utilizadas como meio de pagamento, reserva de valor, *tokens*

de utilidade, *tokens* de valor mobiliário e sobre o aumento de pena para o crime de "Pirâmide financeira", bem como para os crimes relacionados ao uso fraudulento de criptomoedas.

6 CONSIDERAÇÕES FINAIS

Nesse diapasão, fica evidente que a solução às crises é o desenvolvimento tecnológico, e que em resposta à "Crise de 2008", a tecnologia *blockchain* surgiu como uma inovação disruptiva que vem reestruturando o Sistema Econômico Internacional, tendo evoluído de maneira constante em mercados tradicionais e ainda criado outras economias. Sendo que, para tal feito, a tecnologia foi evoluída ao ponto de popularizar plataformas de captação de recursos para lançamentos de projetos, que conseguiram impulsionar milhares de *startups* para o cenário internacional, fazendo com que o mercado de criptomoedas tivesse uma forte expansão nos últimos anos, e deixando claro que, de fato, se está no início de uma profunda transformação econômico-tecnológica.

REFERÊNCIAS

Bitcoin Gênesis, disponível em: <https://www.blockchain.com/btc/tx/4a5e1e4baab89f3a32518a88c31bc87f618f76673e2cc77ab2127b7afdeda33b>. Acesso em: 15 de mai. 2019.

Bitcoin Pizza Day, disponível em: <https://bitcointalk.org/index.php?topic=137.0>. Acesso em: 15 de mai. 2019.

Bitcoin: A Peer-to-Peer Electronic Cash System, Satoshi Nakamoto, disponível em: <https://bitcoin.org/bitcoin.pdf>. Acesso em: 15 de mai. 2019.

Declaração dos Direitos de Liberdade Econômica, Medida Provisória nº 881, disponível em: <http://www.planalto.gov.br/ccivil_03/_ato2019-2022/2019/Mpv/mpv881.htm>. Acesso em: 15 de mai. 2019.

Ethereum White Paper, disponível em: <https://github.com/ethereum/wiki/wiki/White-Paper>. Acesso em: 15 de mai. 2019.

History of the Web, Information Management: A Proposal, disponível em: <http://info.cern.ch/Proposal.html>. Acesso em: 15 de mai. 2019.

Projeto de Lei 2060/2019, Regime Jurídico de Criptoativos, disponível em:< https://www.camara.leg.br/proposicoesWeb/fichadetramitacao?idProposicao=2196875>. Acesso em: 15 de mai. 2019.

Receita Federal do Brasil, Instrução Normativa nº 1888, criptoativos, disponível em:< http://normas.receita.fazenda.gov.br/sijut2consulta/link.action?visao=anotado&idAto=100592>. Acesso em: 15 de mai. 2019.

www.ingramcontent.com/pod-product-compliance
Lightning Source LLC
Chambersburg PA
CBHW050327220526
45465CB00005B/2164